# TRAITÉ

DE

# FORTIFICATION

COMPRENANT

LA FORTIFICATION PASSAGÈRE, LA CASTRAMÉTATION
LA FORTIFICATION PERMANENTE
L'ATTAQUE ET LA DÉFENSE DES PLACES FORTES

Rédigé d'après le programme adopté à l'École impériale spéciale militaire de S

PAR

## A. RATHEAU

CHEF DE BATAILLON DU GÉNIE

Ancien élève de l'École polytechnique, ancien professeur de fortification
à l'École militaire de Saint-Cyr

DEUXIÈME ÉDITION

**PLANCHES**

# PARIS

CH. TANERA, ÉDITEUR

LIBRAIRIE POUR L'ART MILITAIRE, LES SCIENCES ET LES ARTS
Rue de Savoie, 6

1866

# TRAITÉ

## DE

# FORTIFICATION

ÉVREUX, IMPRIMERIE DE A. HÉRISSEY

# TRAITÉ

DE

# FORTIFICATION

COMPRENANT

LA FORTIFICATION PASSAGÈRE, LA CASTRAMÉTATION
LA FORTIFICATION PERMANENTE
L'ATTAQUE ET LA DÉFENSE DES PLACES FORTES

Rédigé d'après le programme adopté à l'École impériale spéciale militaire de Saint-Cyr

PAR

## A. RATHEAU

CHEF DE BATAILLON DU GÉNIE

Ancien élève de l'École polytechnique, ancien professeur de fortification
à l'École militaire de Saint-Cyr

DEUXIÈME ÉDITION

**PLANCHES**

## PARIS

CH. TANERA, ÉDITEUR

LIBRAIRIE POUR L'ART MILITAIRE, LES SCIENCES ET LES ARTS
Rue de Savoie, 6

1866

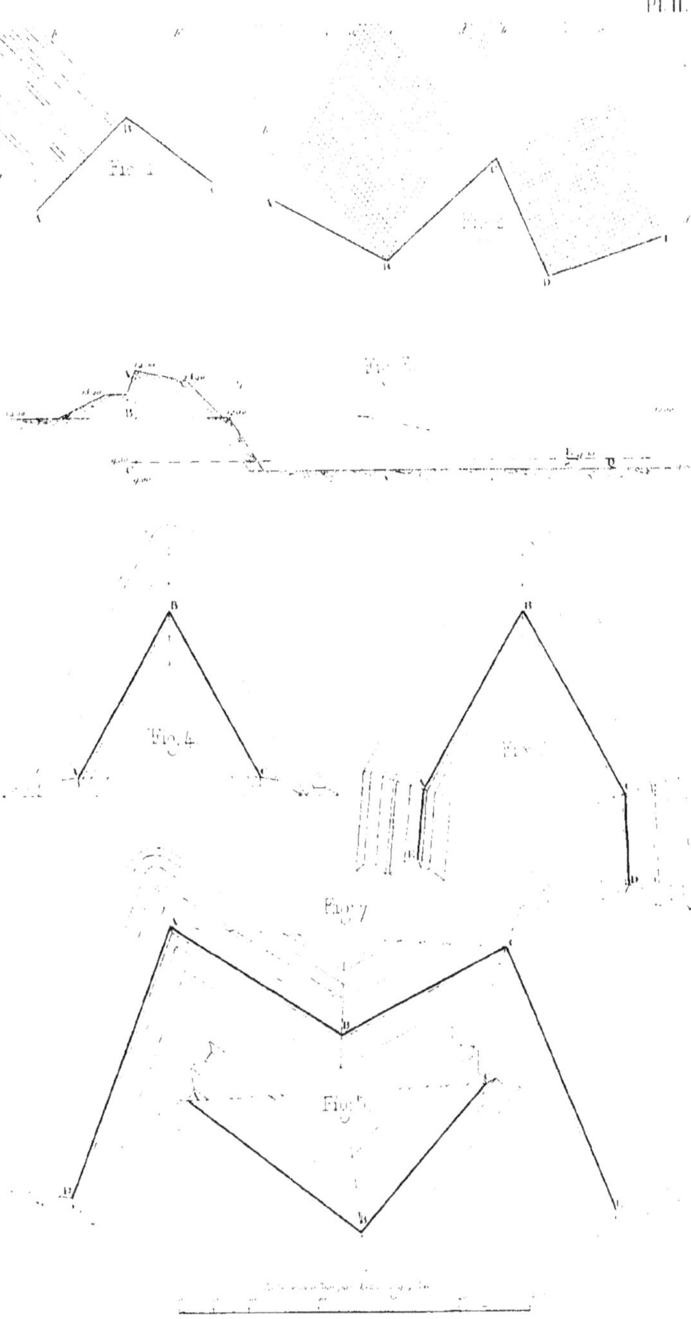
Pl. II.
Fig. 1
Fig. 2
Fig. 3
Fig. 4
Fig. 5
Fig. 6
Fig. 7
B
B
L. Curquet

Fig. 1

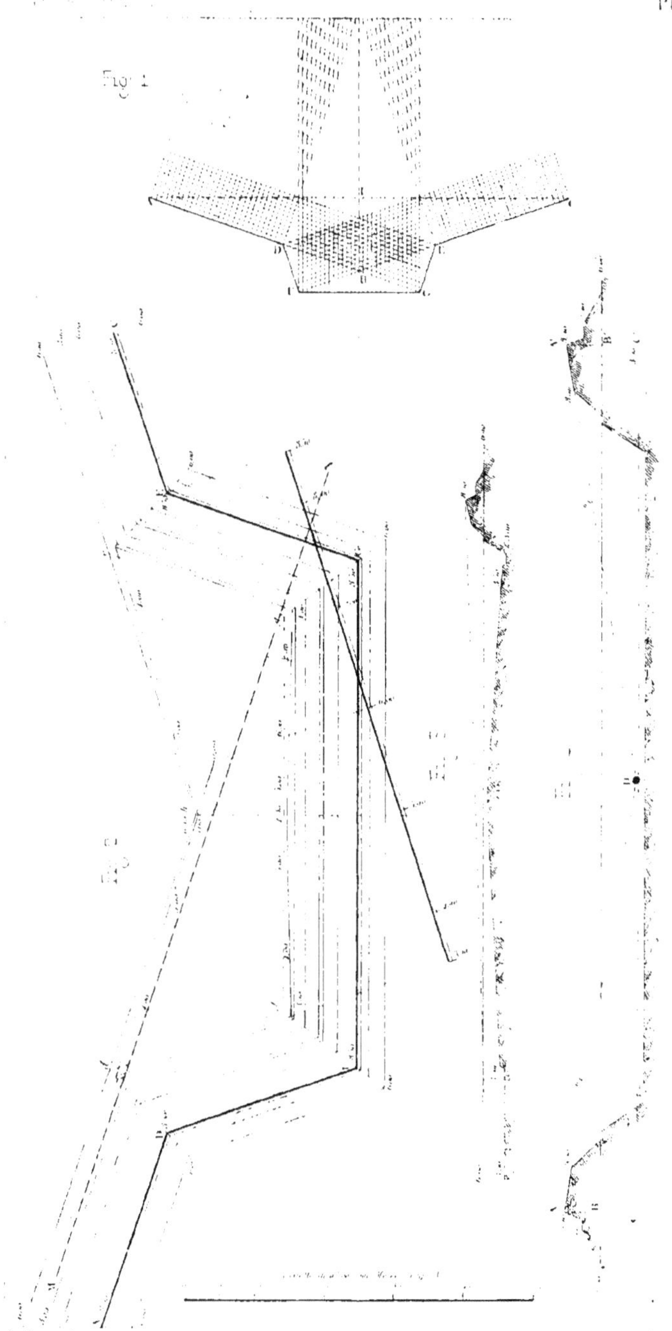

L. Guiguet sc.

Fig. 1

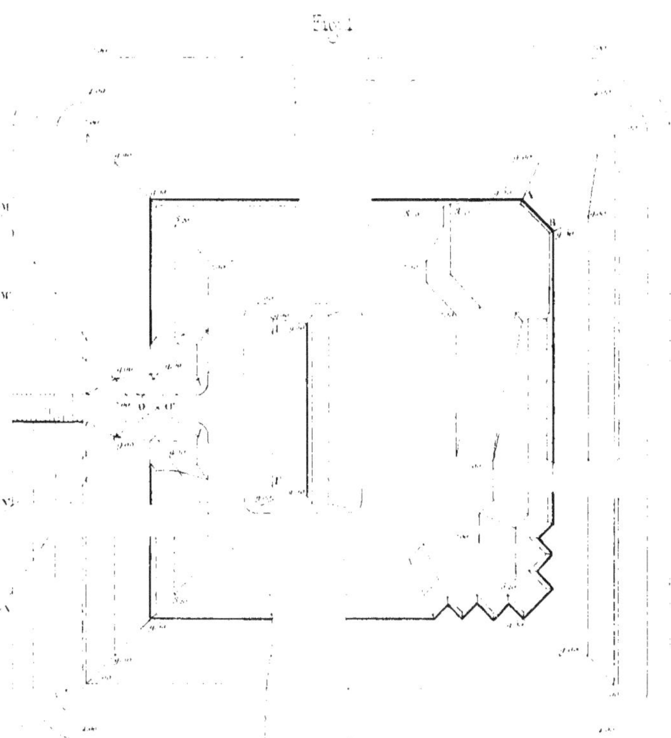

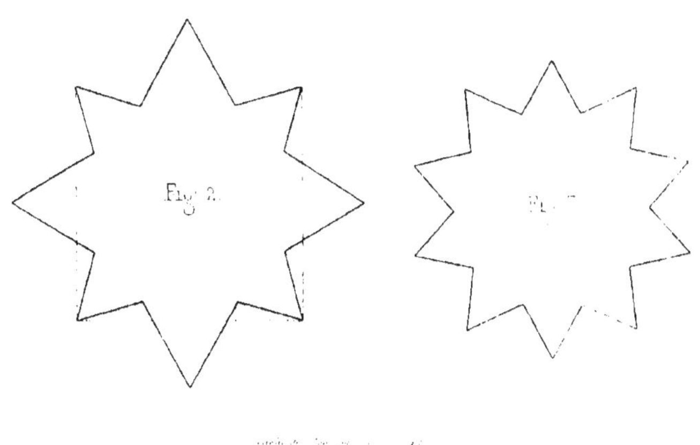


J. Cuquot sc.

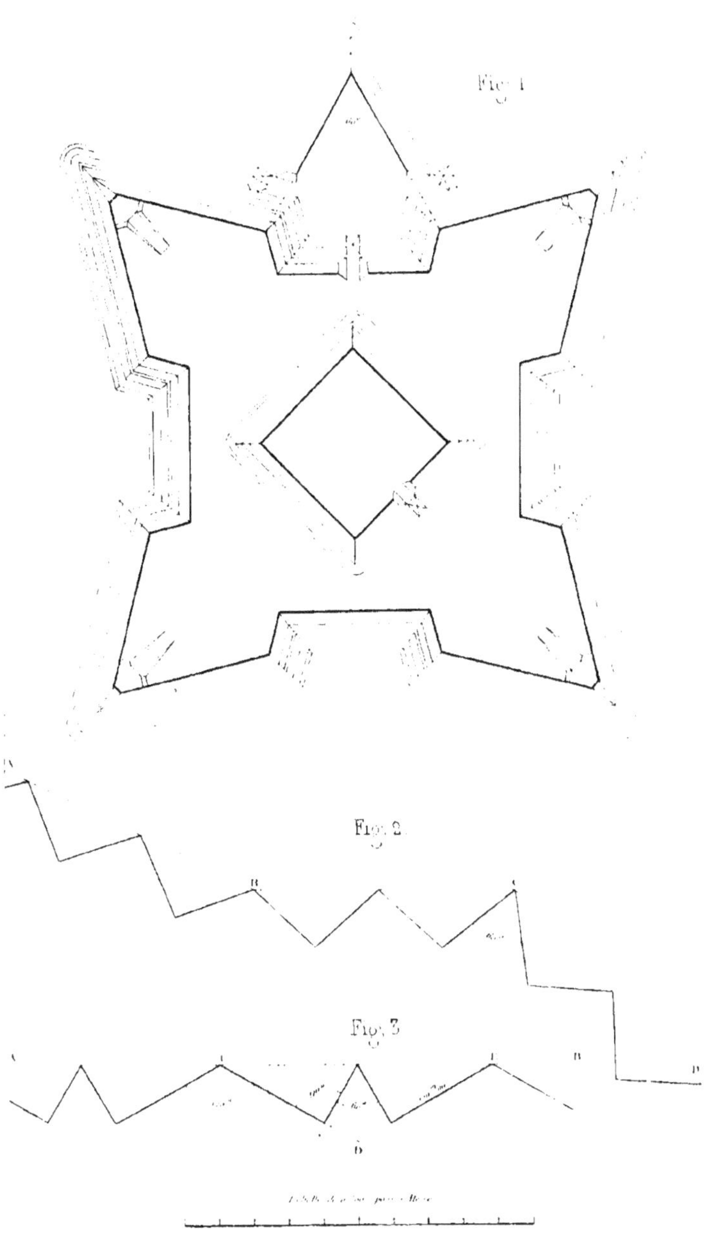

Fig. 1
Fig. 2
B
Fig. 3
B
D
D

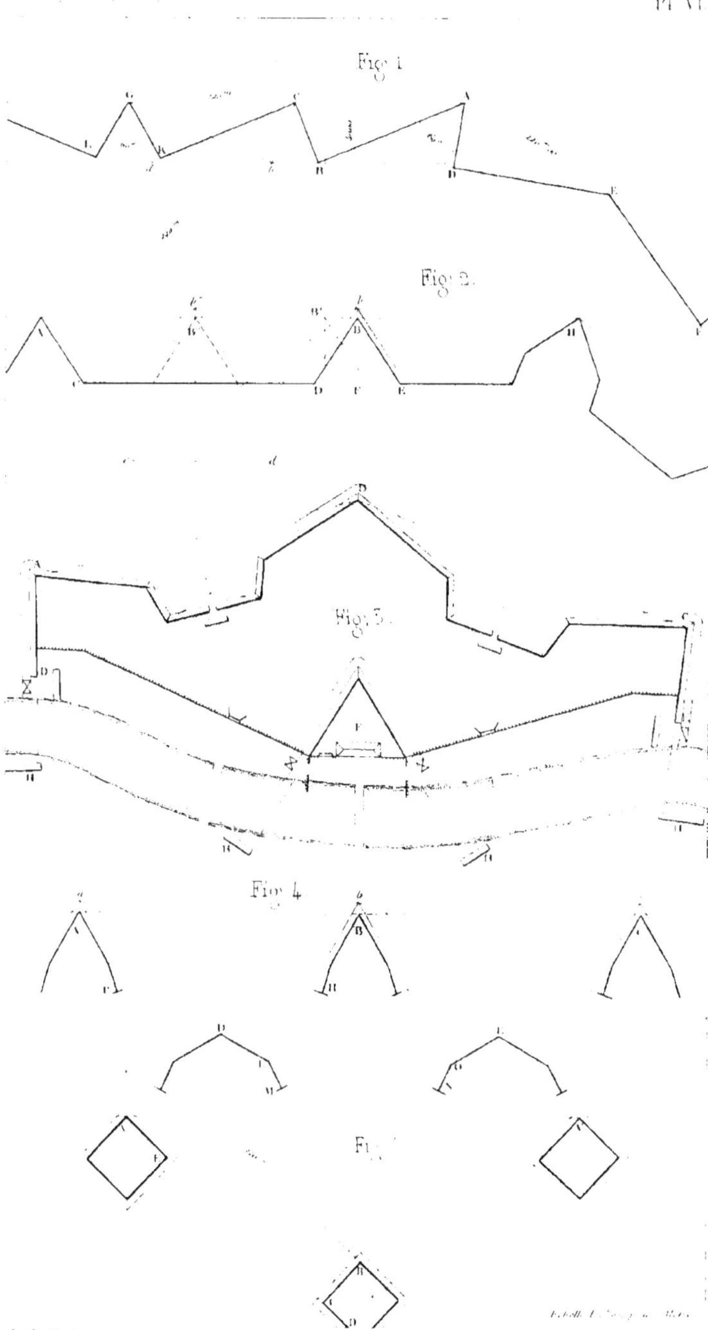
Imp. F. Chardon a Sa.
Fig. 1
Fig. 2.
Fig. 3.
Fig. 4.
L. Guiquet sc.

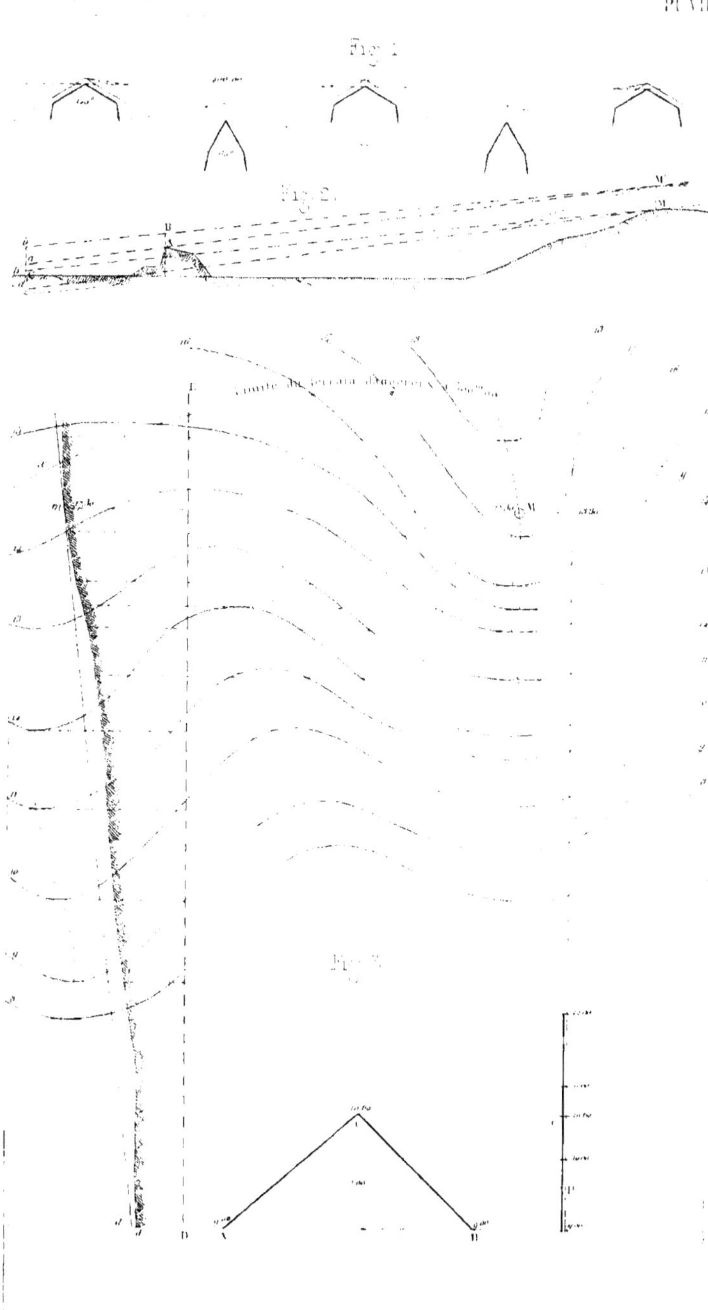


Fig. 1
Fig. 2
M
B
Fig. 3
A
B

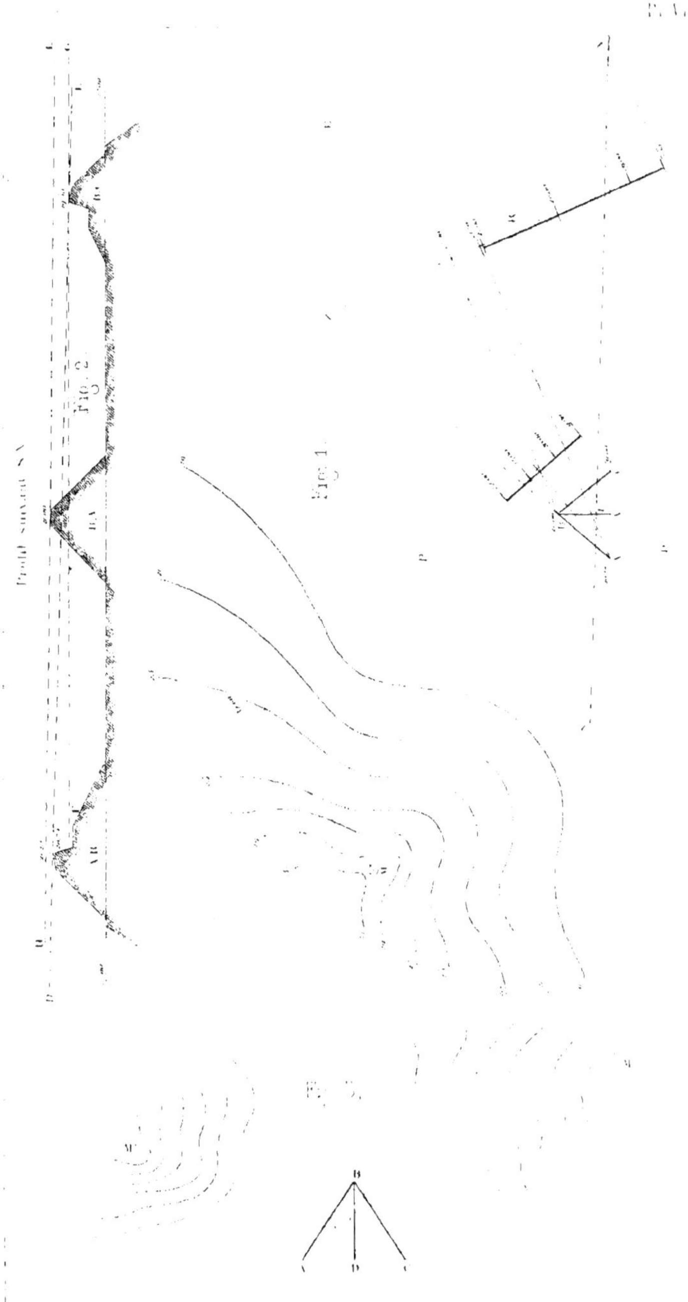
Pl. VII
Fig. 1
Fig. 2
Fig. 3
Profil suivant
L. Guiguet sc.

PLAN
M
M
P
B
C
D
E
P
B
D
M
E
D
G

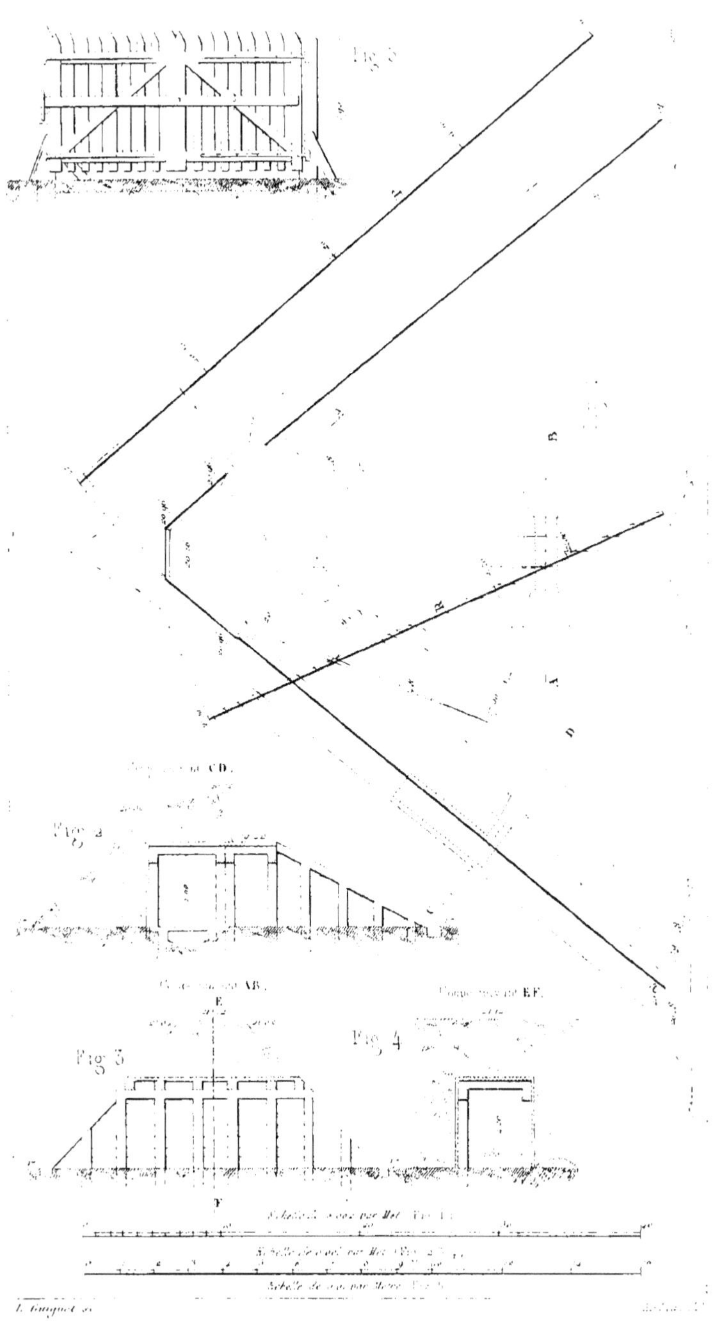
Fig. 2
Fig. 1
Fig. 3
Fig. 4

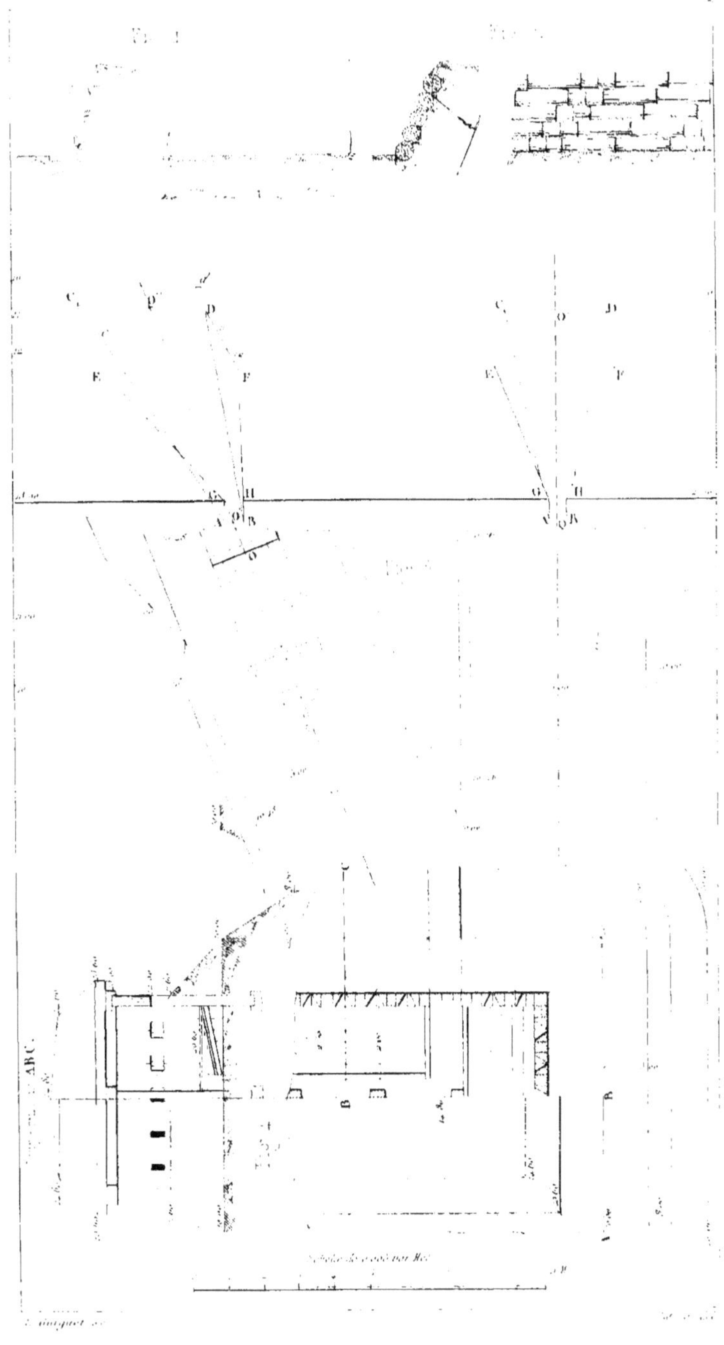

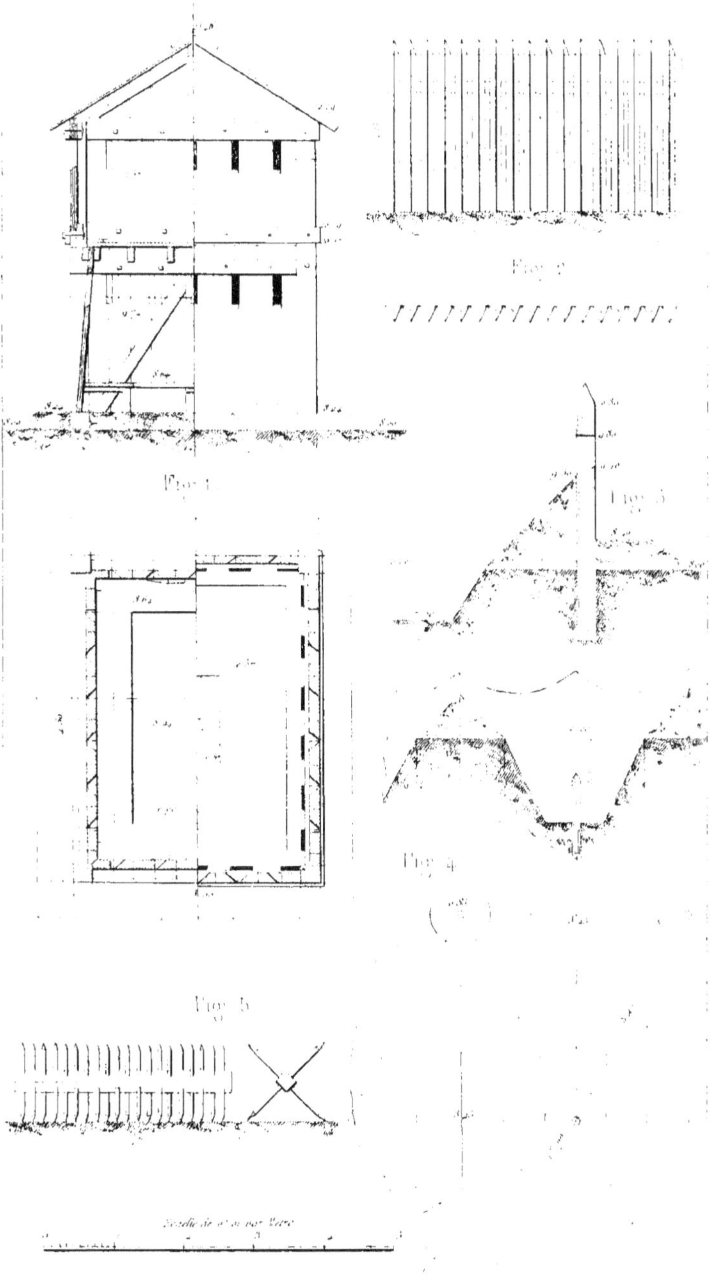


Fig. 1
Fig. 2
Fig. 3
Fig. 4
Fig. 5
Fig. 6

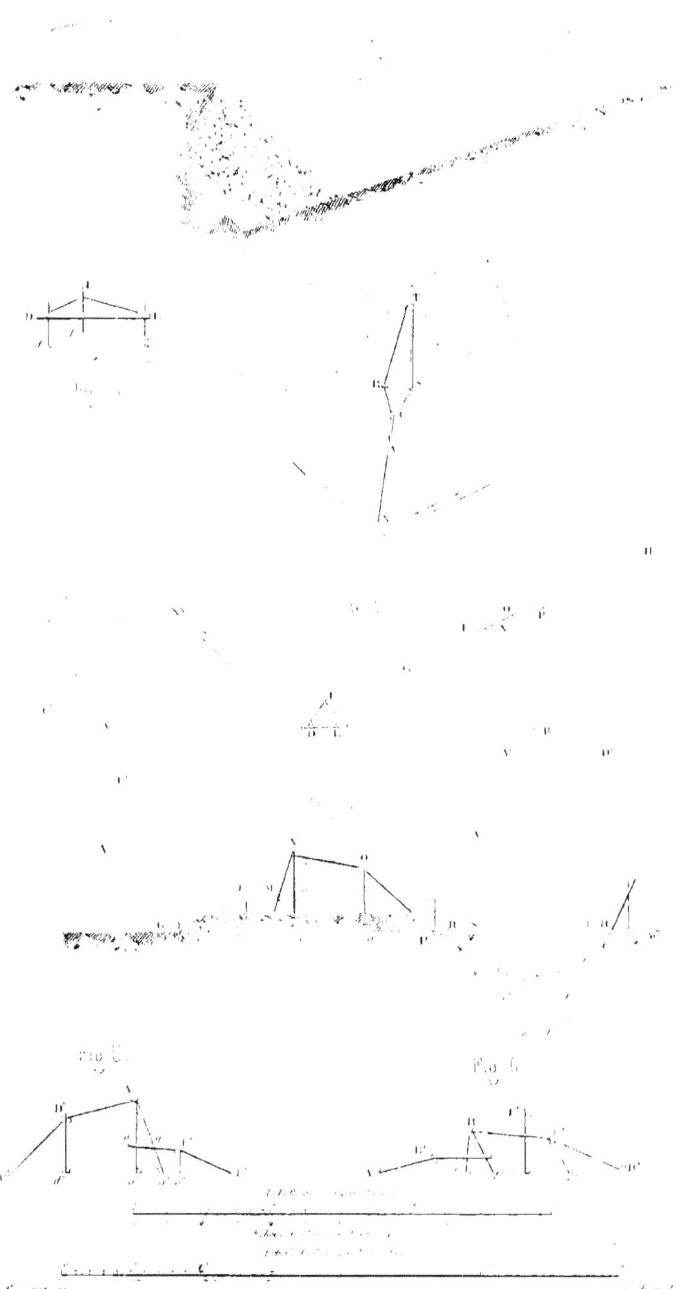

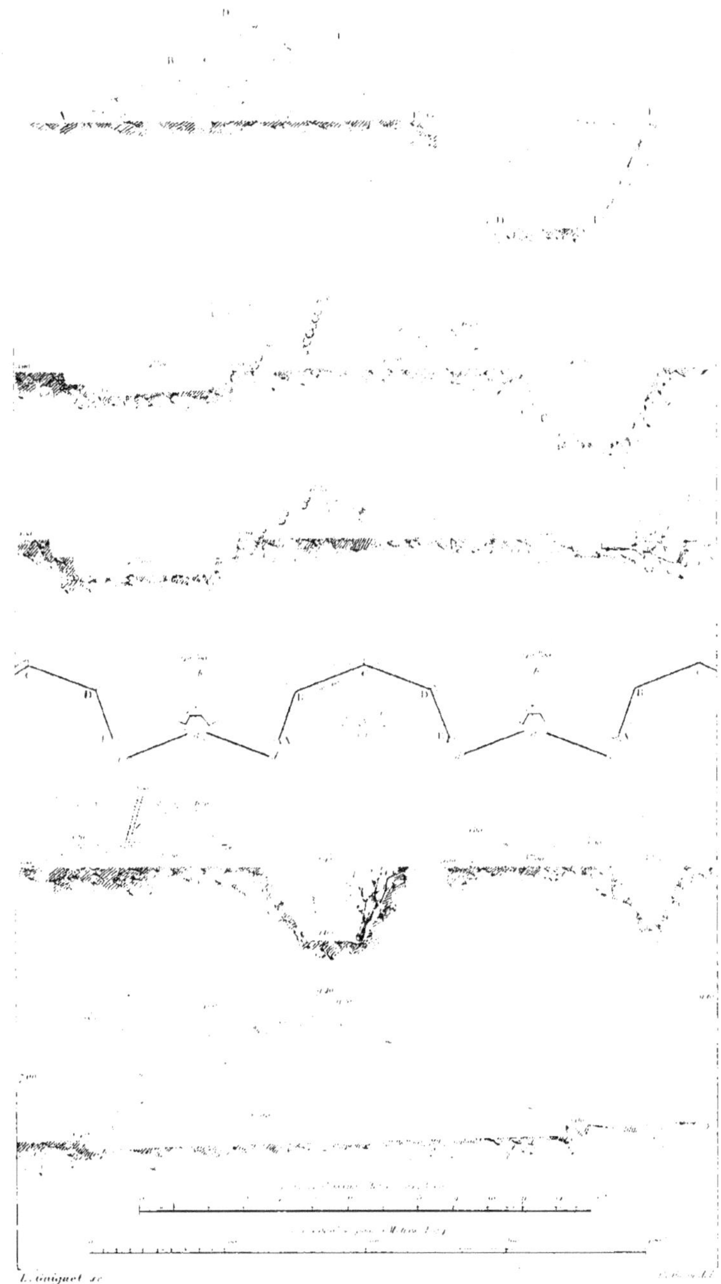

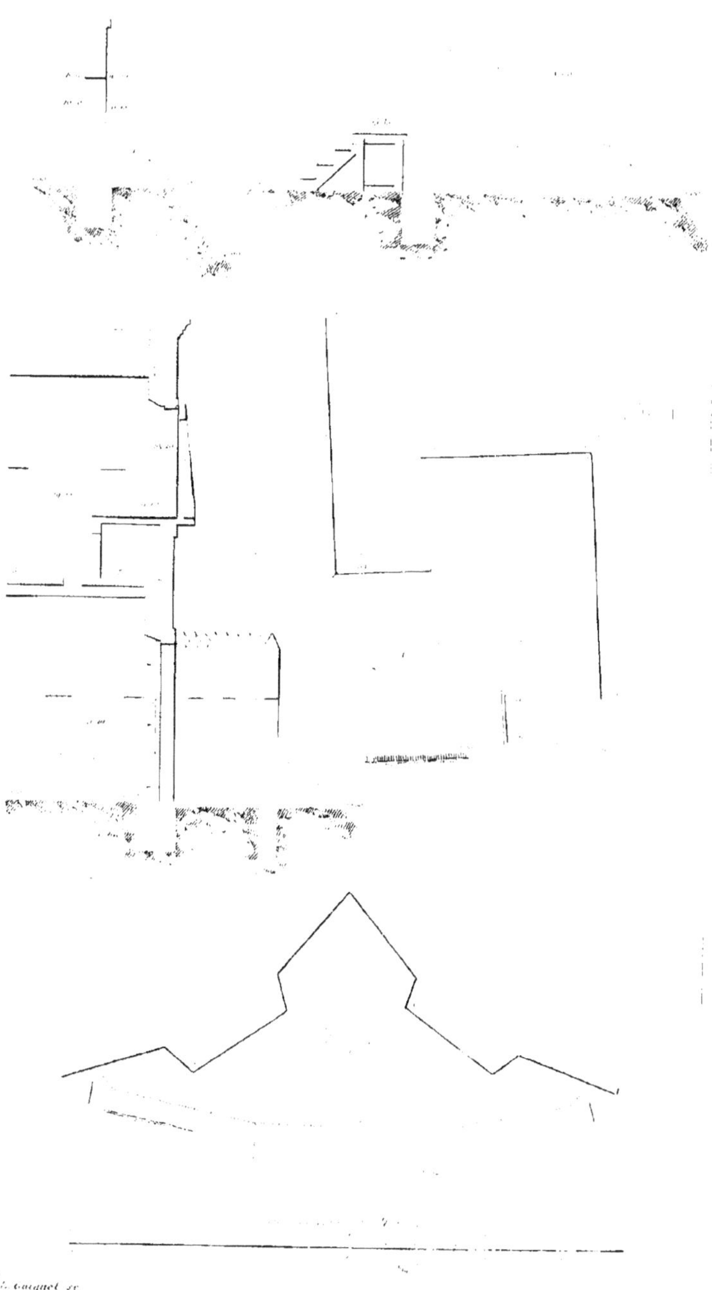
L. Gauquet sc.

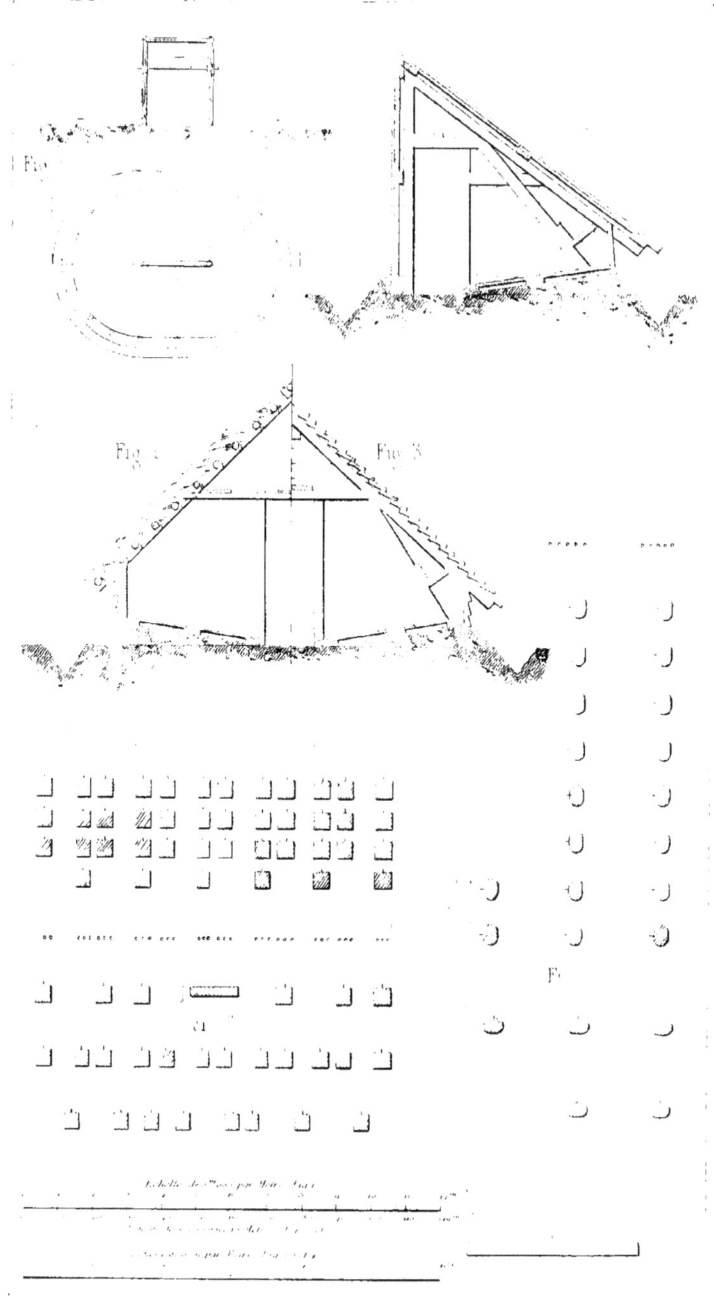
Fig. 1
Fig. 2
Fig. 3
Echelle des Plans
L. Guiquet sc.

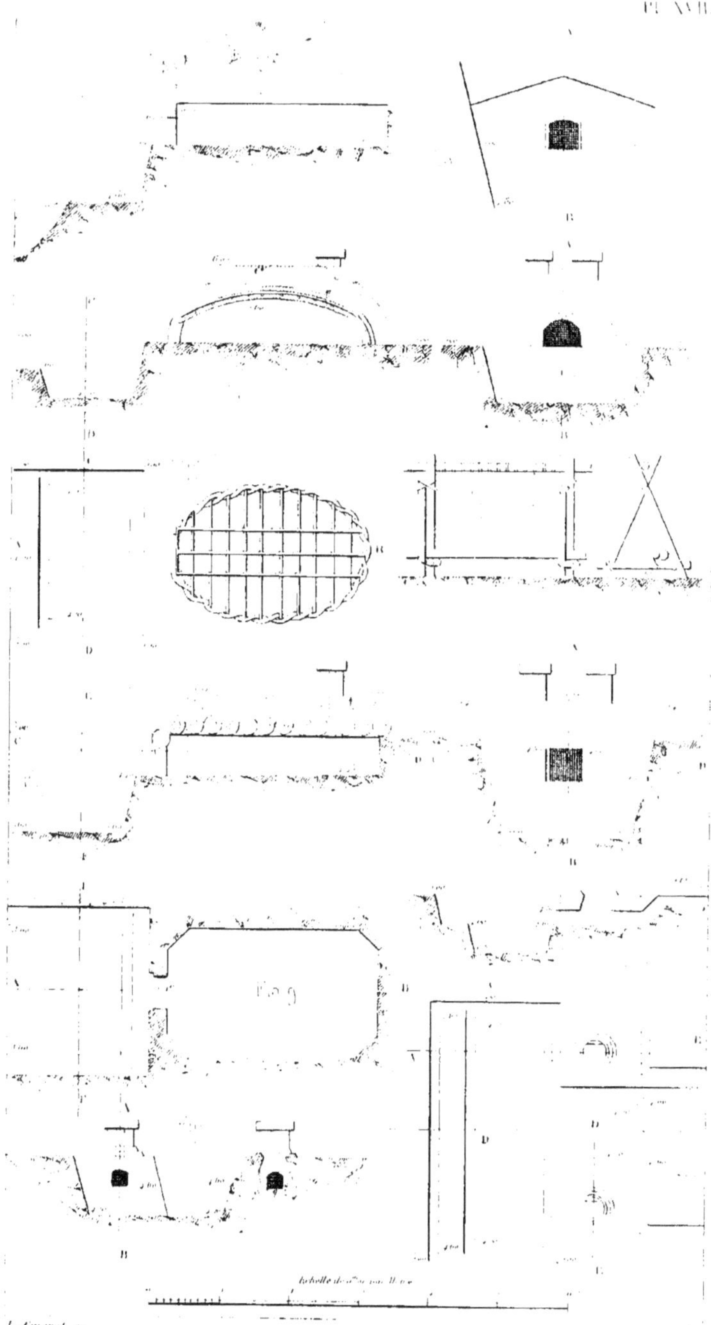

PLANCHE
Échelle de
L. Guignet sc.

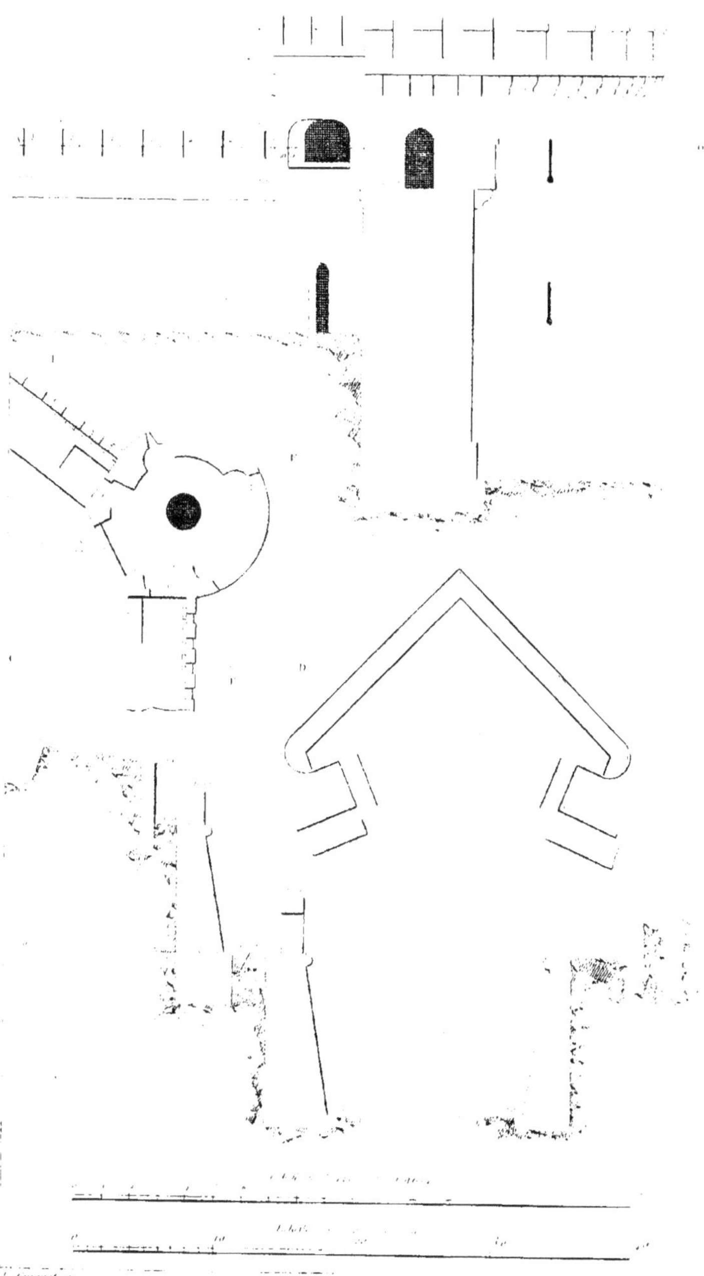

PLAN

PL. XIV

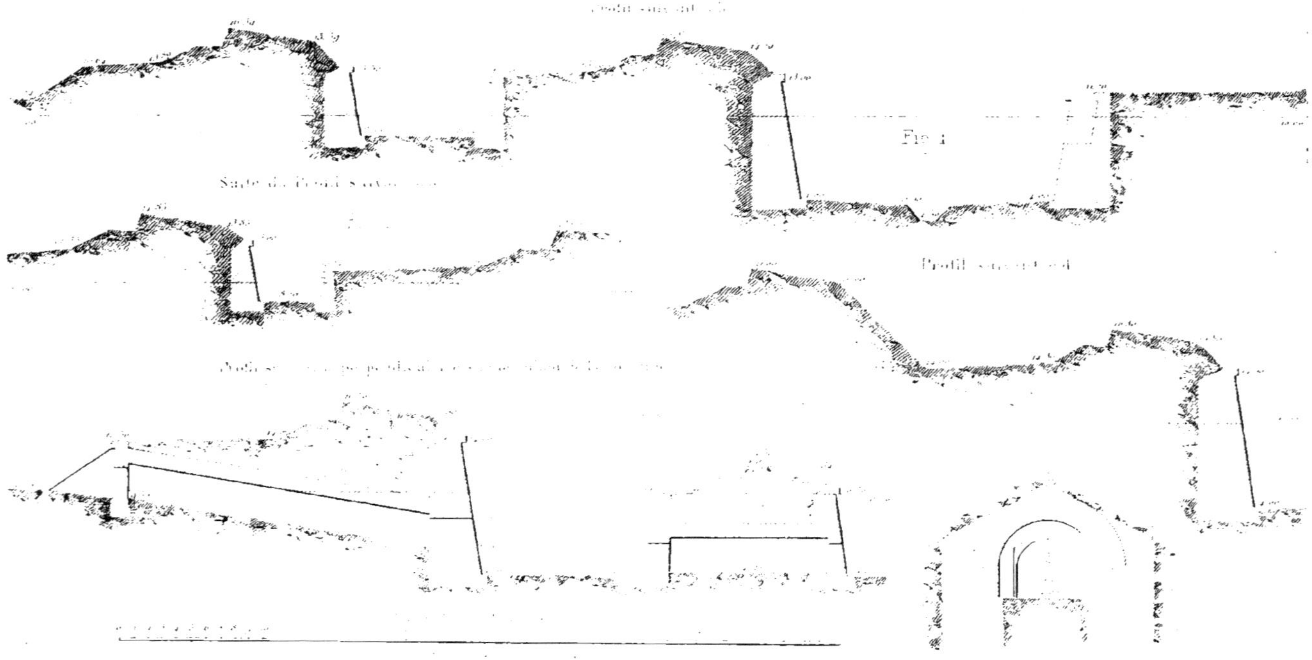


Hautefeuille, Paris

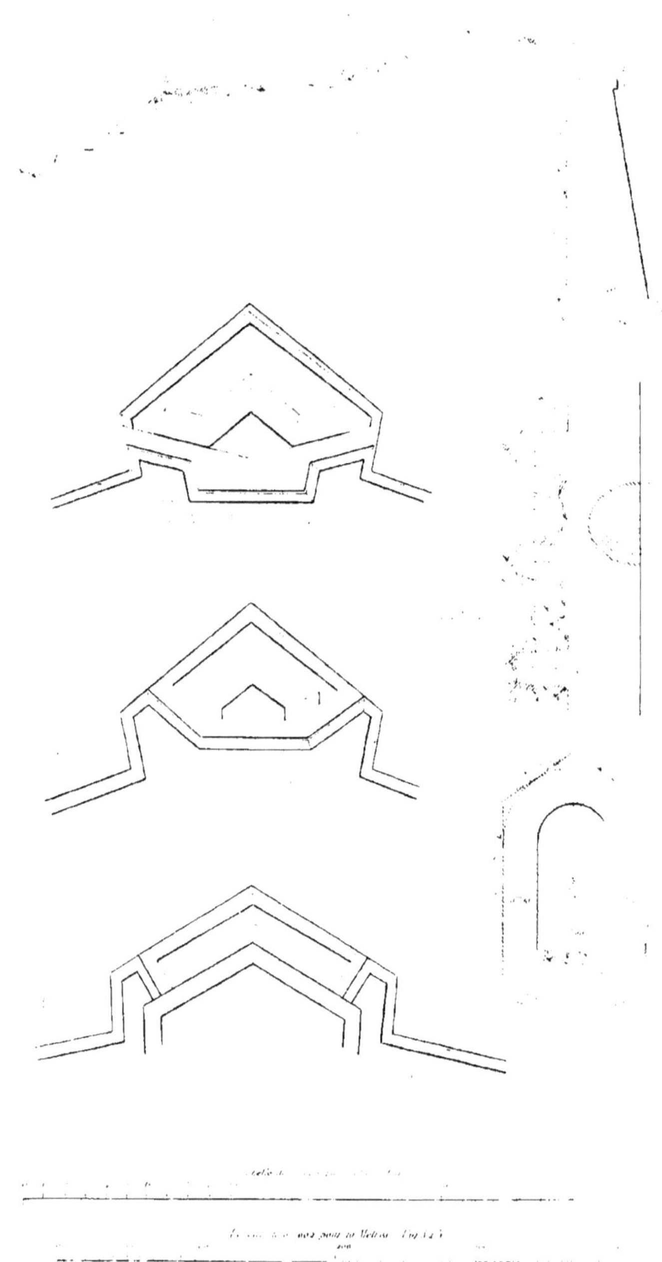

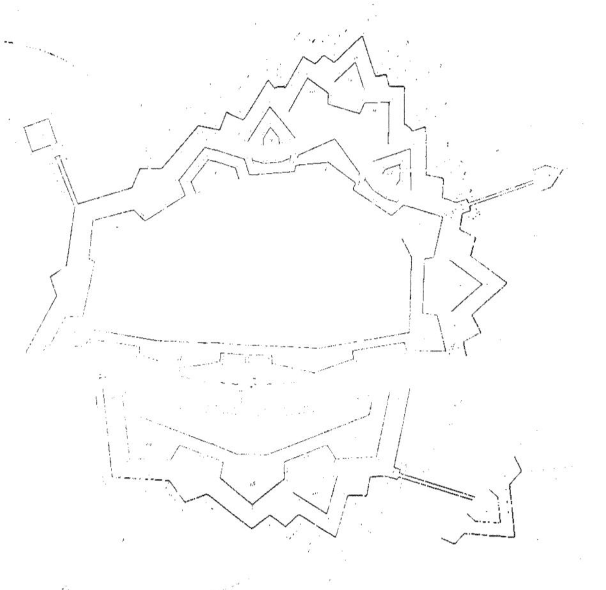

Fig. 1
Fig. 2
Fig. 3
Fig. 4
Fig. 5

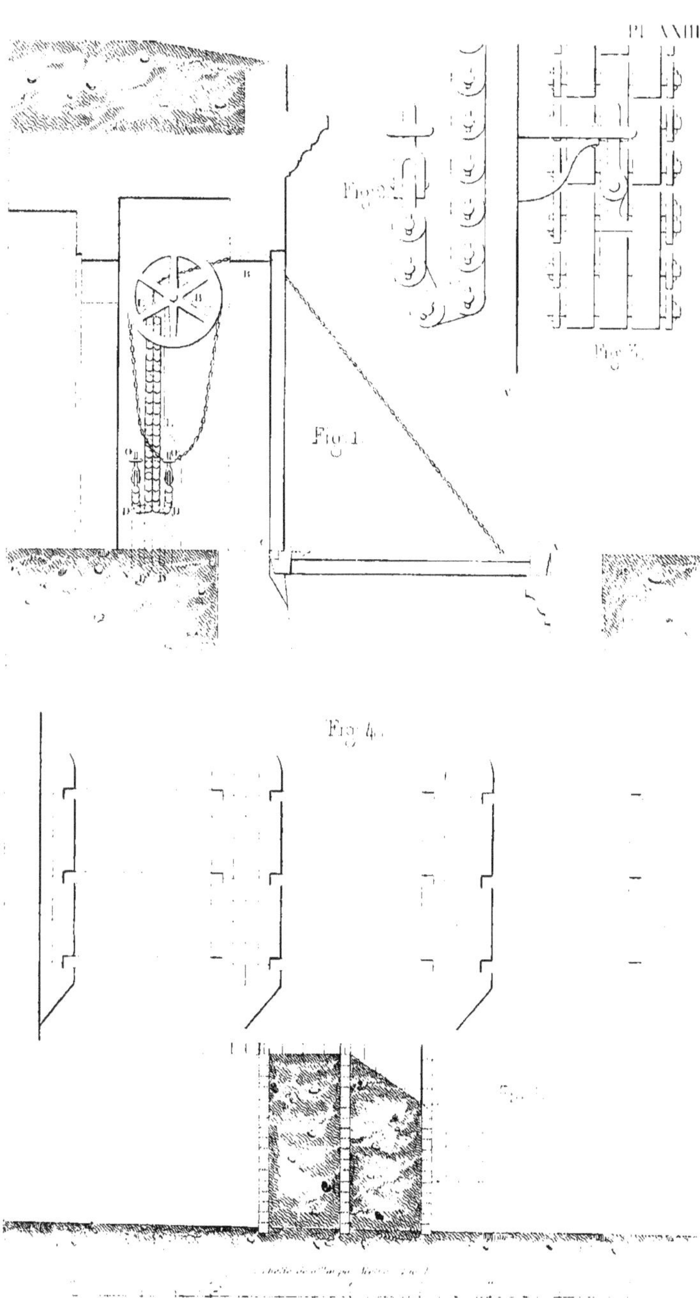

PL. XXIII.
Fig. 1
Fig. 4.

PL. XXIV.

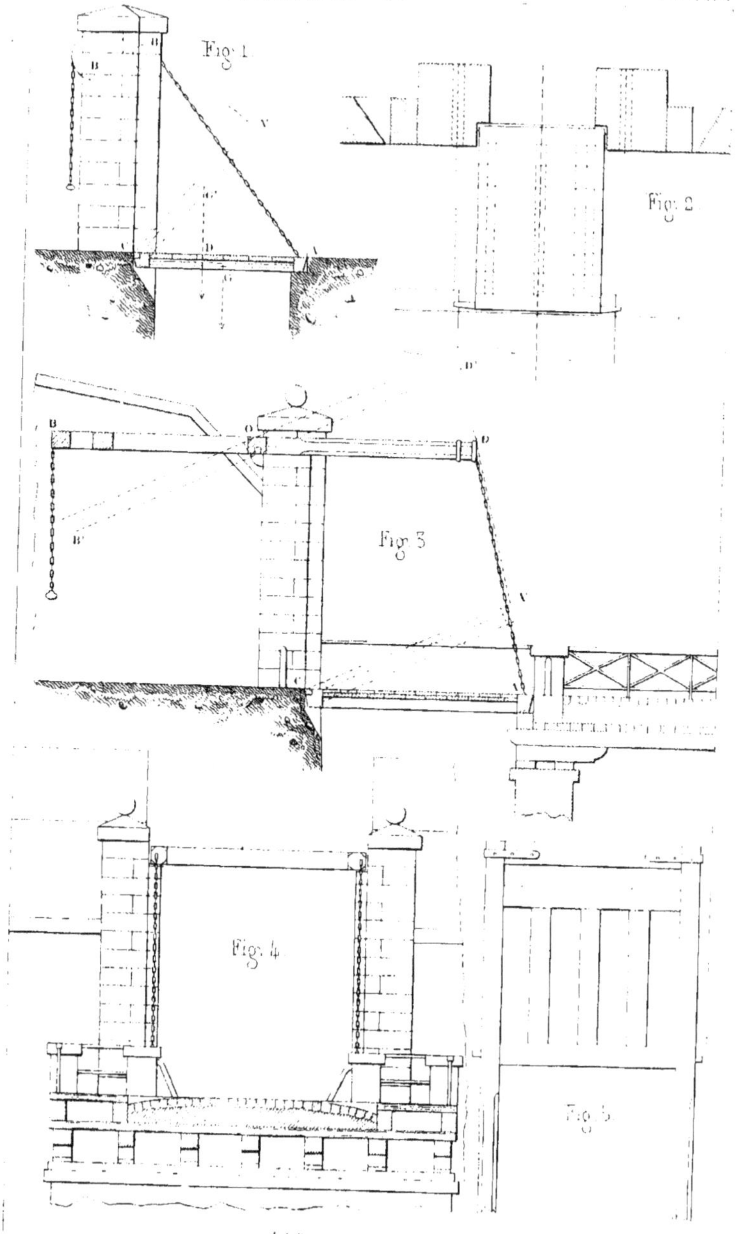

Fig. 1

Fig. 2

Fig. 3

Fig. 4

Fig. 5

L. Guiquet sc.

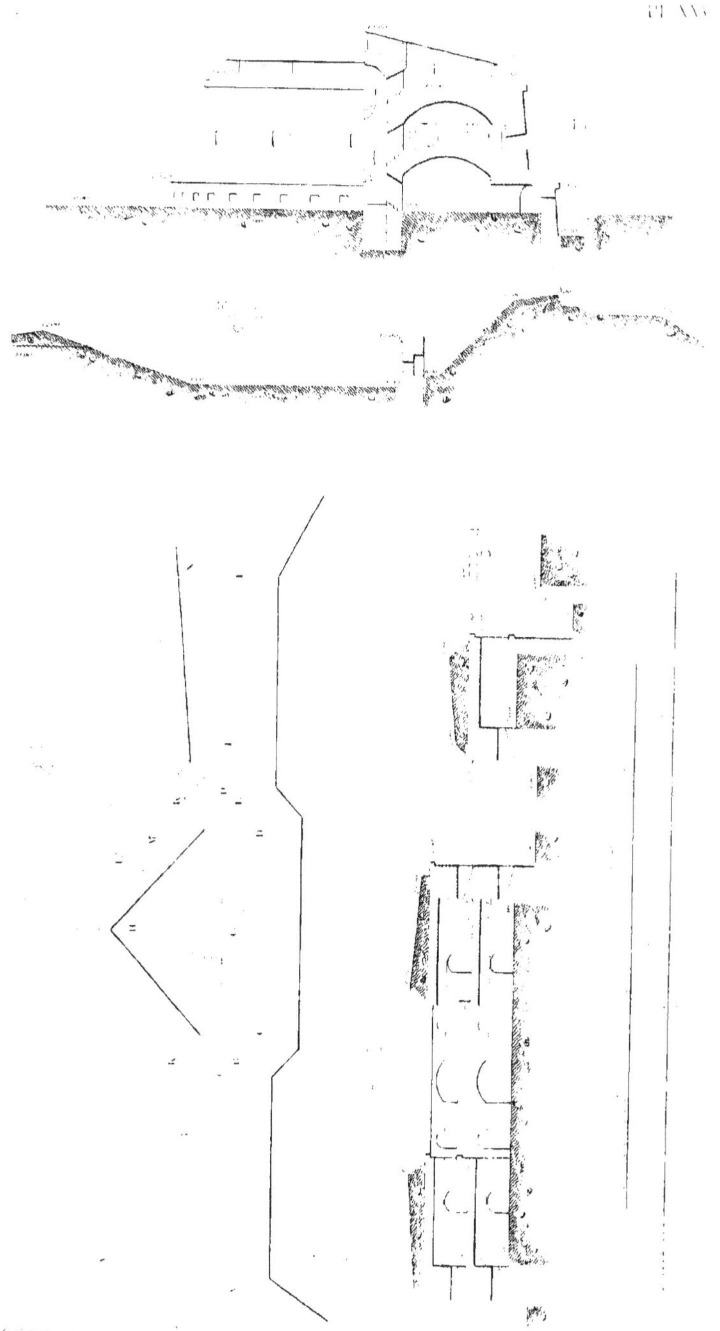

P. XXXVI

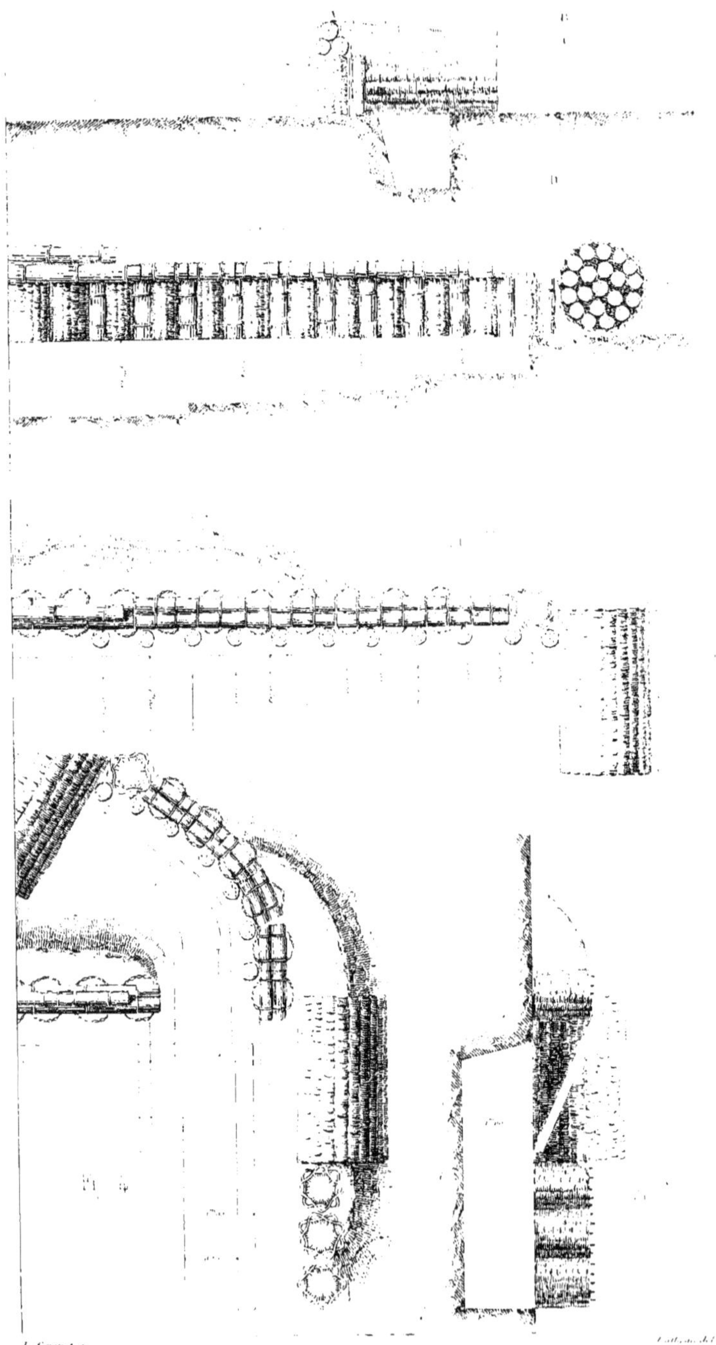

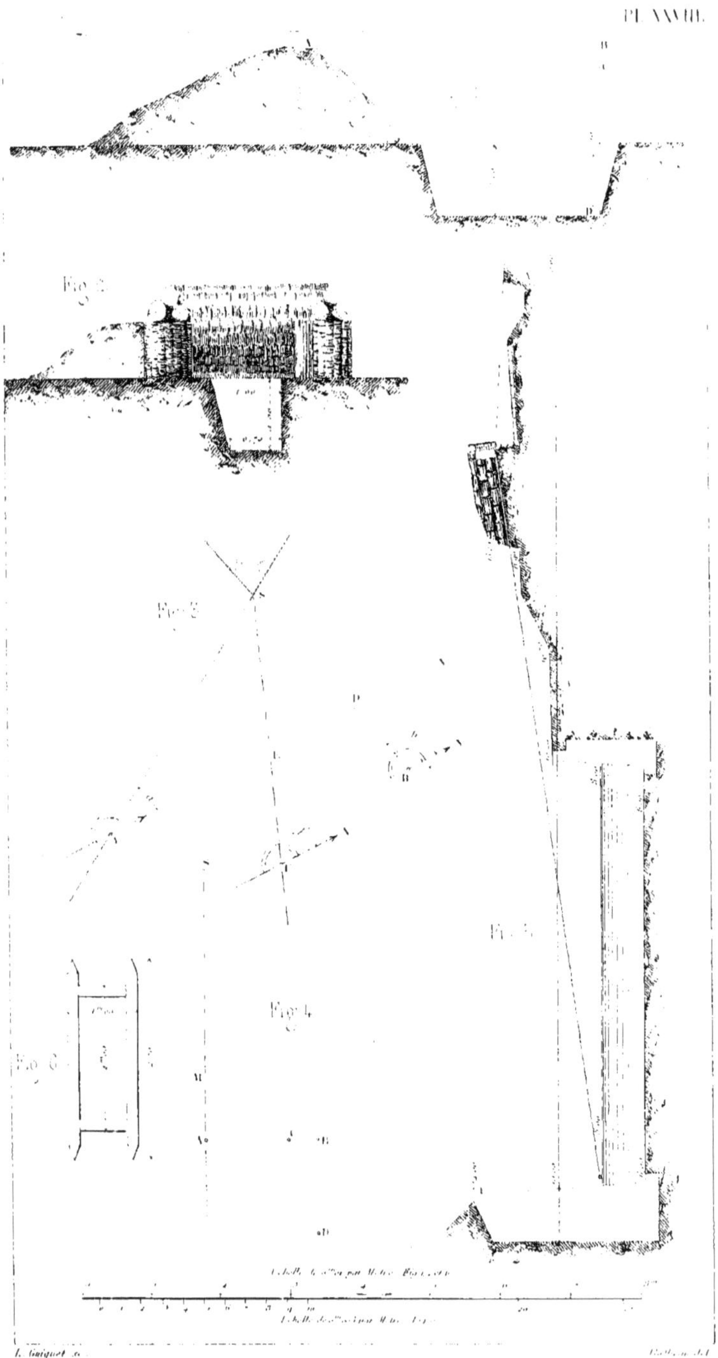

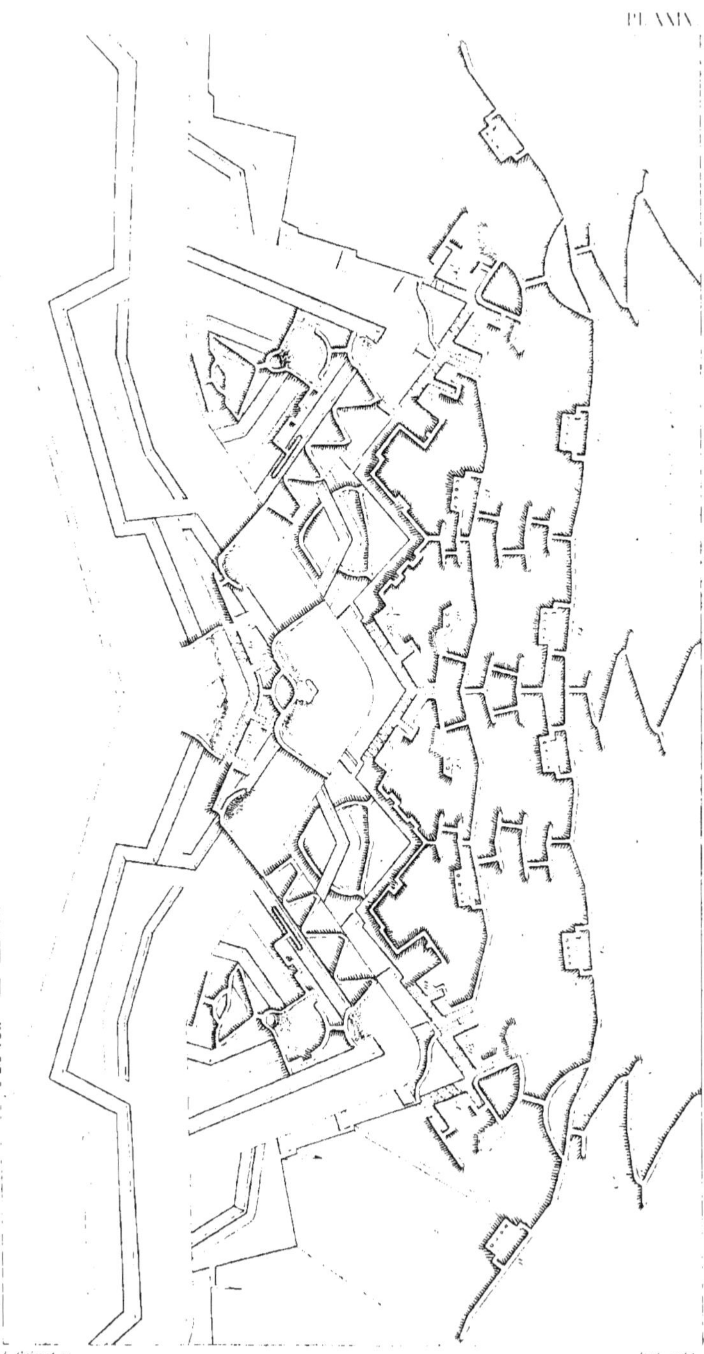
PLANN
L. Guiquet sc.

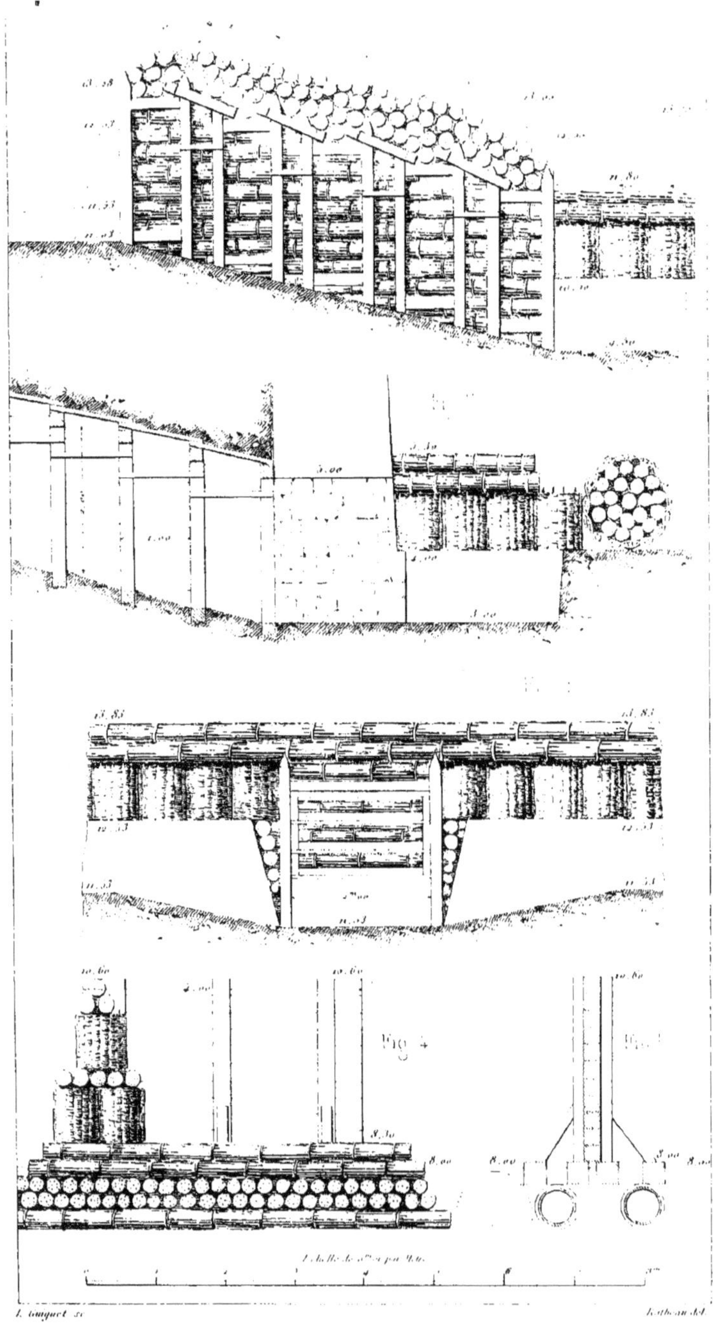


Fig 4

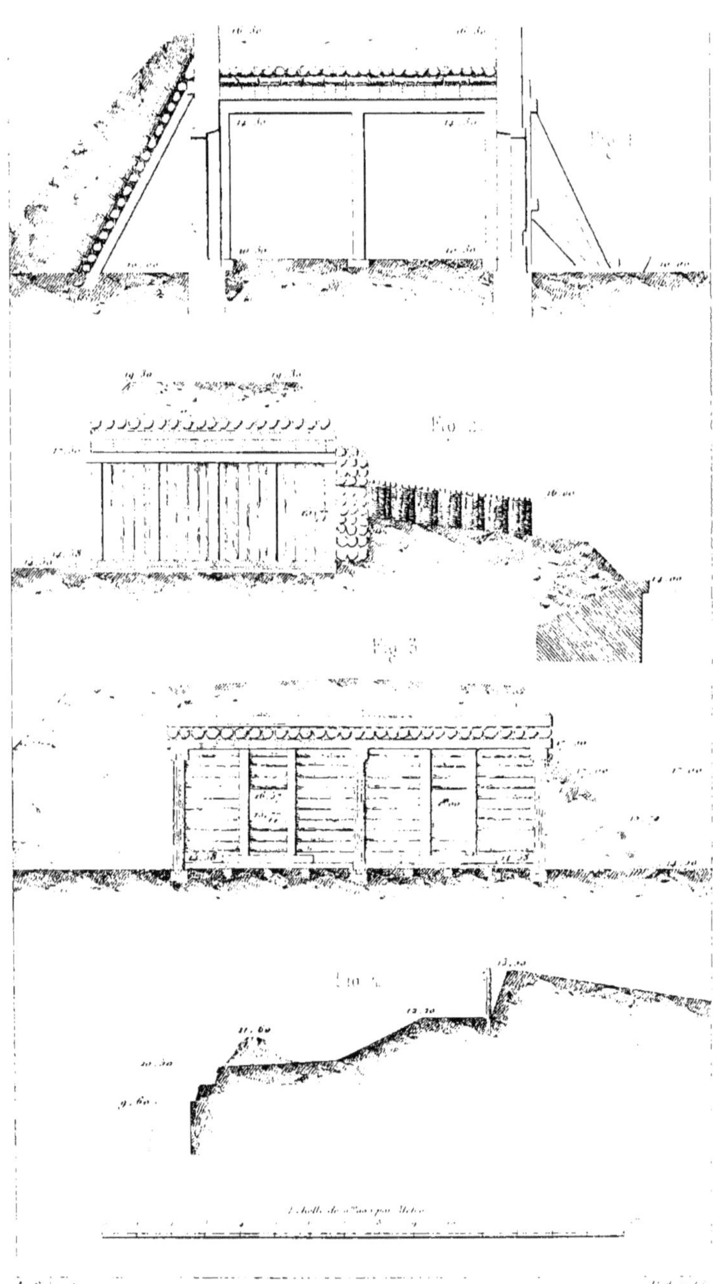
Fig. 2
Fig. 3
Fig. 4
Echelle de 0,005 par Mètre

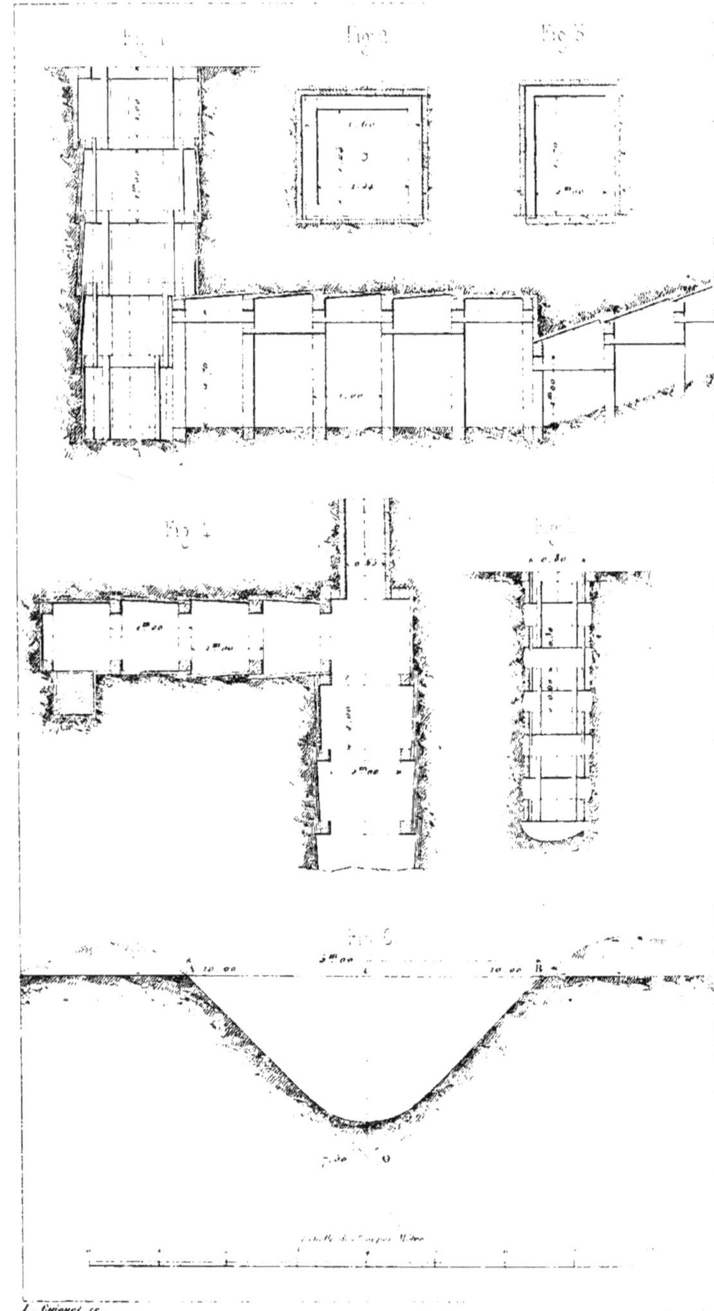


L. Craignet sc.

# TABLE DES PLANCHES

PLANCHE Iᵉ                                                    Pages correspondantes
                                                                 du texte.
    Fig. 1.... Profil droit d'un retranchement........    5, 25
    Fig. 2.... Profil droit d'un retranchement avec gla-
          cis, fraises et palissades...........    9, 89, 90
    Fig. 3.... Construction d'un plan d'une inclinaison
          donnée, mené par une droite donnée..    14
    Fig. 4.... Rencontre de deux faces d'ouvrage.....    16
    Fig. 5.... Profil oblique dans un retranchement,
          avec fougasse....................    17, 94

PLANCHE II.
    Fig. 1.... Faces de retranchement formant un angle
          saillant ....................    19
    Fig. 2.... Faces de retranchements formant des an-
          gles saillants et rentrants...    20, 21
    Fig. 3.... Profil montrant le flanquement d'un fossé.    20, 22
    Fig. 4... Plan d'un redan.............    31
    Fig. 5.... Plan d'une tenaille.........    31
    Fig. 6.... Plan d'une lunette .............    32
    Fig. 7.... Plan d'une queue d'hyronde.........    33

PLANCHE III.
    Fig. 1.... Plan d'un front bastionné............    33
    Fig. 2.... Détails des déblais à faire en avant de la
          courtine d'un front bastionné........    34
    Fig. 3.... Profil dans un flanc du front.........    34
    Fig. 4.... Profil coupant les deux flancs et le fossé
          de la courtine....................    36

PLANCHE IV.
    Fig. 1.... Plan d'une redoute rectangulaire avec
          barbette et passage...............    41, 74, 81
    Fig. 2 et 3. Fortins étoilés...................    42

PLANCHE V.
    Fig. 1.... Plan d'un fort à quatre bastions avec
          réduit.........................    43, 76, 82
    Fig. 2 et 3. Lignes à redans et à tenaille.........    46, 47

PLANCHE VI.
    Fig. 1.... Lignes à crémaillères..............    47
    Fig. 2.... Lignes à redans et courtines.........    49
    Fig. 3.... Ouvrages à couronne formant tête de pont.    51, 112
    Fig. 4.... Ligne à lunettes détachées...........    54
    Fig. 5.... Ligne composée de redoutes..........    57

PLANCHE VII.
    Fig. 1.... Lignes à lunettes détachées ...........    56
    Fig. 2.... Profil d'un ouvrage à défiler..........    60
    Fig. 3.... Défilement d'un redan...............    64, 72

PLANCHE VIII.                                         Pages correspondantes
                                                          du texte.

    Fig. 1 et 2. Défilement d'un redan avec parados....    65
    Fig. 3....   Défilement d'un redan avec traverse....   66

PLANCHE IX.

    Fig. 1....   Défilement d'un redan par l'abaissement
                  du terre-plein....................     67
    Fig. 2....   Construction d'un plan tangent amené par
                  une droite inclinée à une surface donnée
                  par des courbes horizontales........    72
    Fig. 3....   Construction en plan d'un ouvrage dont
                  les crêtes sont inclinées............    69

PLANCHE X.

    Fig. 1....   Plan d'un redan défilé, avec barbette,
                  traverse, passage et magasin........   77, 82
    Fig. 2....   Coupe faite dans le magasin...........    78
    Fig. 3 et 4. Coupes faites dans le passage.........    77
    Fig. 5....   Élévation d'une barrière à double vantail. 79

PLANCHE XI.

    Fig. 1....   Plan, coupe et élévation d'un revêtement
                  en gazons .......................     79
    Fig. 2....   Élévation et coupe d'un revêtement en
                  fascines .........................     80
    Fig. 3....   Embrasures droites et obliques........   83, 84
    Fig. 4....   Plan, coupe et élévation d'un blockhaus
                  ordinaire ........................     86

PLANCHE XII.

    Fig. 1....   Plan, coupe et élévation d'un blockhaus
                  à étage..........................     87
    Fig. 2....   Plan et élévation d'une ligne de palissade. 89
    Fig. 3....   Coupe dans une ligne de palanques ....    91
    Fig. 4....   Plan et coupe de trous de loup........    94
    Fig. 5....   Chevaux de frise....................     92

PLANCHE XIII.

    Fig. 1....   Coupe dans une fougasse-pierrier......    95
    Fig. 2 et 3. Dispositions à prendre pour la construc-
                  tion d'un redan sur le terrain.......   99, 105
    Fig. 4....   Profil du travail en cours d'exécution...  100, 107
    Fig. 5 et 6. Profilement des profils en talus .......  103, 104

PLANCHE XIV.

    Fig. 1....   Profil indiquant la conduite du travail
                  quand on veut être toujours sur la dé-
                  fensive..........................    115
    Fig. 2 et 3. Profils d'ouvrages à exécution rapide...  117, 118
    Fig. 4, 5 et 6. Plan et profils des lignes du général
                  Rogniat.. .......................    118
    Fig. 7....   Profil d'une digue..................    122

PLANCHE XV.

    Fig. 1 et 2. Profils indiquant l'organisation défensive
                  d'un mur.........................    126
    Fig. 3....   Coupe indiquant l'organisation défensive
                  d'une maison......................    128

Pages correspondantes du texte.

**PLANCHE XV** (*suite*).

    Fig. 4.... Plan d'une tête de pont ............. 143

    Fig. 5.... Plan d'une retirade et de la communication le long de la rive............. 143, 145

**PLANCHE XVI.**

    Fig. 1.... Plan et coupe d'une tente............ 185

    Fig. 2, 3 et 4. Coupes dans différentes espèces de baraques ..................... 187

    Fig. 5.... Campement d'un bataillon d'infanterie.. 190

    Fig. 6.... Campement d'un escadron de cavalerie.. 193

**PLANCHE XVII.**

    Fig. 1 et 2. Élévation et coupe d'un four souterrain. 198

    Fig. 3, 4 et 5. Plan, coupe et élévation d'un four en torchis ....................... 198

    Fig. 6.... Chevalet d'armes....... ............ 196

    Fig. 7, 8 et 9. Plan, coupe et élévation d'un four en rondins....................... 198

    Fig. 10, 11 et 12. Plan, coupe et élévation d'une cuisine de campement.................. 196

**PLANCHE XVIII.**

    Fig. 1 et 2. Plan, coupe et élévation d'anciens remparts avec tours................. 215, 221

    Fig. 3.... Plan d'un bastion à orillons.......... 222

    Fig. 4.... Profil d'ancienne fortification avec chemin de ronde, fausse braie et corridor. 222

**PLANCHE XIX..** Plan d'un front bastionné avec système de mines sous les glacis........... 230, 270

**PLANCHE XIX** *bis*.

    Fig. 1 et 2. Profils suivant des lignes déterminées dans la planche précédente......... 230 et suiv.

    Fig. 3 et 4. Coupes dans la grande poterne........ 247

**PLANCHE XX.**

    Fig. 1.... Profil de fortification permanente...... 226

    Fig. 2.... Plan des escarpes avec piédroits ou contre-forts...................... 383, 393

    Fig. 3, 4 et 5. Plans de retranchements intérieurs.. 244, 246

    Fig. 6.... Profil d'une galerie de mine en maçonneries..................... 270

**PLANCHE XXI..** Plan général d'une place avec manœuvres d'eau et ouvrages avancés..... 253, 256, 266, 269

**PLANCHE XXII.**

    Fig. 1 et 2. Coupes dans une escarpe casematée.... 272

    Fig. 3.... Profil d'un mur à bahut............. 257

    Fig. 4.... Coupe dans un magasin à poudre...... 284

    Fig. 5.... Disposition des chambres de caserne.... 283

    Fig. 6.... Coupe dans une batterie de côte avec réduit..................... 286

**PLANCHE XXIII.**

    Fig. 1, 2 et 3. Pont-levis à la Poncelet.......... 281

    Fig. 4 et 5. Plan et coupe d'une digue.......... 267

**PLANCHE XXIV.**

    Fig. 1 et 2. Pont-levis pour de petits ouvrages..... 279

    Fig. 3, 4 et 5. Pont-levis à flèches avec pont dormant. 277, 280

Pages correspondantes
du texte.

PLANCHE XXV.

Fig. 1.... Plan d'un front de fortification polygo-
       nale................................ 295
Fig. 2.... Profil dans cette fortification......... 296
Fig. 3 et 4. Coupes dans la caponnière et les traverses
       casematées..................... 296, 297
Fig. 5.... Coupe et élévation d'une tour de Vérone. 298

PLANCHE XXVI.

Fig. 1.... Plan des attaques jusqu'à la troisième
       parallèle..................... 350 et suiv.
Fig. 2, 3, 4, 5 et 6. Différents profils de tranchée.. 329 et suiv.
Fig. 7 et 8. Profils de batteries de deuxième parallèle. 366
Fig. 9.... Profil d'un cavalier de tranchée....... 375

PLANCHE XXVII.

Fig. 1, 2 et 3. Sape pleine simple................ 333
Fig. 4 et 5. Retour de sape.................... 336

PLANCHE XXVIII.

Fig. 1.... Profil droit d'une tranchée simple...... 328, 351
Fig. 2.... Profil d'une sape demi-double......... 337
Fig. 3.... Détermination de la capitale d'un ouvrage
       sur le terrain, avec la boussole...... 353
Fig. 4.... Détermination de la distance d'un point
       accessible à un autre inaccessible..... 353
Fig. 5.... Profil d'une batterie de brèche........ 382
Fig. 6.... Élévation d'une blinde............... 385

PLANCHE XXIX. Plan détaillé des attaques d'une place
       depuis la troisième parallèle........ 373 et suiv.

PLANCHE XXX.

Fig. 1 et 2. Descente blindée................... 385
Fig. 3.... Descente souterraine et passage de fossé
       sec.......................... 386
Fig. 4 et 5. Passage de fossé plein d'eau, avec le
       masque en avant....... ......... 388

PLANCHE XXXI.

Fig. 1.... Coupe dans un bâtiment blindé........ 410
Fig. 2 et 3. Coupe dans une batterie blindée....... 424
Fig. 4.... Profil du corridor creusé le long de la
       contrescarpe................... 433

PLANCHE XXXII.

Fig. 1.... Coupe verticale montrant un puits de
       mine et un rameau qui en débouche.. 479
Fig. 2.... Coupe par un plan horizontal dans un
       puits ordinaire................. 483
Fig. 3.... Profil d'une galerie de mine ordinaire... 479
Fig. 4.... Plan d'une galerie ordinaire, d'un rameau
       à la hollandaise, d'un petit rameau et
       de la boîte aux poudres........... 479
Fig. 5.... Coupe faite dans un puits de Boule par un
       plan vertical................... 483
Fig. 6.... Profil d'un entonnoir ............... 481

Évreux, A. HÉRISSEY, imp. — 466.

# ÉLÉMENTS

# D'ART ET D'HISTOIRE

## MILITAIRES

COMPRENANT

LE PRÉCIS DES INSTITUTIONS MILITAIRES DE LA FRANCE

L'HISTOIRE ET LA TACTIQUE DES ARMES ISOLÉES

LA COMBINAISON DES ARMES ET LES PETITES OPÉRATIONS DE LA GUERRE

PAR

## ED. DE LA BARRE DUPARCQ

Capitaine du génie

Professeur d'art militaire à l'École impériale de Saint-Cyr

UN VOL. IN-8º AVEC FIGURES

**Prix : 12 francs**

ÉVREUX, IMPRIMERIE DE A. HÉRISSEY